Heureux & détendu

À Florane et Laurena,
mes deux fées inspirantes.
M.L.

MIXTE
Papier issu de sources responsables
FSC® C022030
FSC www.fsc.org

25, avenue Pierre-de-Coubertin, 75013 Paris
ISBN : 978-2-09-255840-9
Loi n° 49-956 du 16 juillet 1949
sur les publications destinées à la jeunesse,
modifiée par la loi n° 2011-525 du 17 mai 2011.

Achevé d'imprimer en France en juin 2015
par Loire Offset Titoulet (42900, Saint-Etienne).
N° d'éditeur : 10209776 - Dépôt légal : juillet 2015.

MARINE LOCATELLI & AKI

Heureux & détendu

20 SECRETS POUR T'AIDER À VIVRE MIEUX !

Nathan

L'instant présent, un cadeau

LES SECRETS

1. ACCEPTER DE CHANGER COMME LES SAISONS
2. RESPIRER ET SE CONCENTRER
3. DIRE MERCI POUR TOUT CE QUE TU VIS
4. RENCONTRER LA CHANCE OU LA MALCHANCE
5. VIVRE CHAQUE JOUR AVEC TOI-MÊME

Toutes tes émotions

6. PEINDRE L'ARC-EN-CIEL DE TES ÉMOTIONS
7. APPRIVOISER L'INCONNU
8. DONNER ET RECEVOIR DE LA JOIE
9. ACCUEILLIR TES ÉMOTIONS DIFFICILES
10. PRENDRE TON ANGOISSE PAR LA MAIN

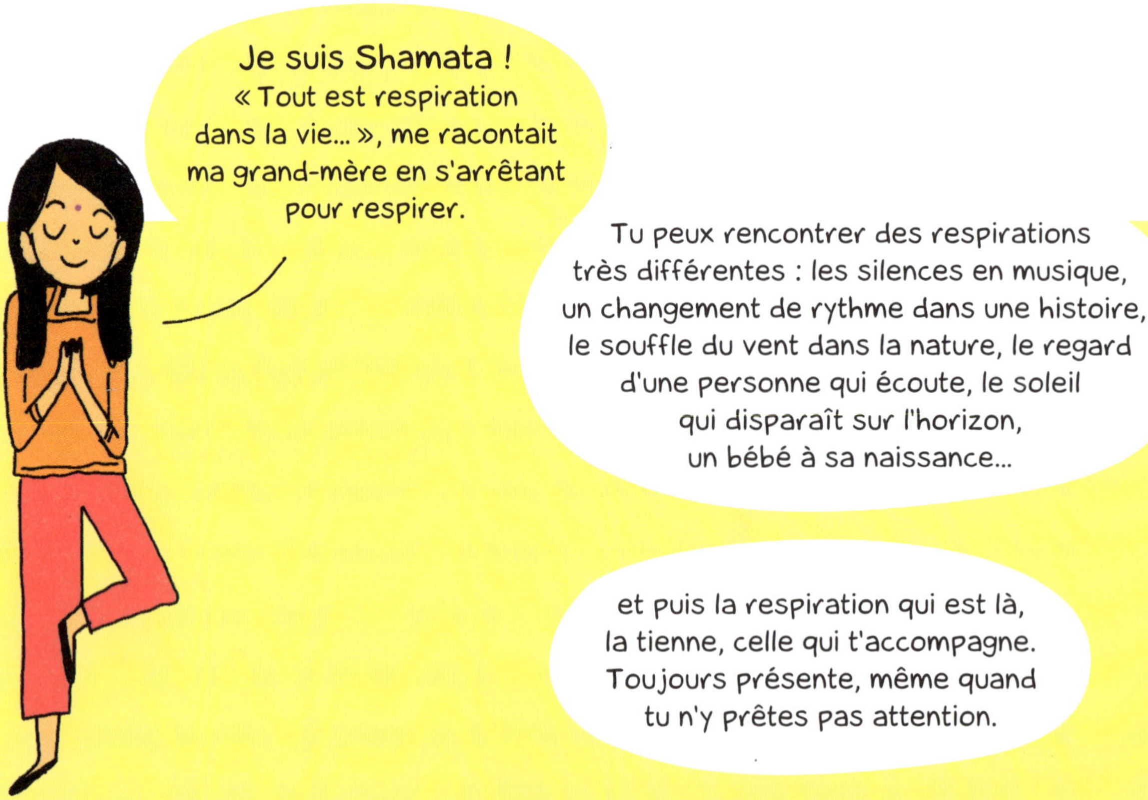

Sommaire

ES SECRETS

Au fil de tes pensées

Des intentions pour être heureux

Je suis née en Inde, dans la vallée de l'Assam où le thé est cultivé. J'ai bientôt douze ans. Aujourd'hui, je vis en Europe.

Et je ne m'appelle pas Shamata par hasard, ça signifie « je respire ». C'est ma grand-mère qui a choisi mon prénom.

Aujourd'hui, elle n'est plus là. Et chaque jour, je répète la question qu'elle me posait... et ma réponse :

« Shamata, es-tu là ?
– Oui, je suis là. Et je respire. »

Tu es le héros de tout ce que tu vis dans le présent.
Même si parfois c'est difficile et douloureux.
Tu as juste besoin d'un entraînement régulier et particulier avec ta respiration – à laquelle tu prêtes si peu d'attention.
Ton entraînement va se poursuivre sur tes sensations, sur tes émotions puis sur tes pensées, et même sur tes intentions…
Tu vas voir, tu vas t'étonner toi-même.
Je t'invite d'abord à prononcer mon prénom dans ta tête en respirant : SHAMATA… et puis retrouve-moi à la page suivante pour savoir qui je suis !

L'INSTANT PRÉSENT, UN CADEAU

SECRET 1

ACCEPTER DE CHANGER COMME LES SAISONS

À l'intérieur de toi, ça change sans cesse, comme le temps ou un baromètre qui joue au yo-yo. Ça monte et ça descend en fonction de ce que tu ressens. Tu peux tout observer et tout accueillir.

Mon cœur débordait comme une rivière...

Je l'aimais, ma cabane. Mais j'avais grandi. Elle était devenue trop petite pour moi. Je ne pouvais plus jouer dedans. J'ai sursauté quand Lilou m'a appelée.

Je me souviens du visage tracé sur mon zen board*. Je l'avais regardé s'effacer, la feuille était redevenue blanche. Tout change d'un instant à l'autre. Je ne serai plus jamais petite. Je me suis sentie triste. Et cette émotion m'a donné mal au ventre.

Heureusement que Lilou était là ! Ça m'a fait chaud au cœur...

* Tableau au papier japonais magique. On dessine dessus avec un pinceau trempé dans un peu d'eau. Signes et traits s'effacent ensuite comme une émotion qui change.

Lilou n'avait jamais visité de cabane qui parle ! Elle est entrée, curieuse. Je suis restée dehors. Silencieuse.

J'ai imaginé Lilou à ma place. Mon émotion a changé. Je ne ressentais plus de tristesse mais de la joie à l'idée d'offrir ma cabane. Je sentais mon cœur plus grand... plus ouvert.

Et puis mon père m'a fait une surprise d'enfer...

Grâce à lui, je m'invente une vie de château dans ma nouvelle cabane en carton. Et je partage mes histoires avec Lilou.

Lilou m'a fait un très joli cadeau, elle aussi : c'est un scoubidou très spécial, la clé du cœur de ma cabane en carton.

Toi aussi, tu peux donner et recevoir des cadeaux qui viennent du cœur. Essaie simplement de sentir ces moments uniques et magiques.

Tu peux écrire dans ton cahier secret SHAMATA* tous ces instants qui sont des éclats de soleil.

Comme ça, quand l'orage gronde et qu'une grosse averse déverse son flot de tristesse sur toi, tu peux retrouver plus facilement ton soleil. Il ne reste jamais longtemps caché.

* Tu peux créer un cahier SHAMATA dans lequel tu vas écrire ou dessiner tout ce qu'on va expérimenter ensemble. Tu peux choisir un petit cahier sur lequel tu écris mon prénom : « SHAMATA, cahier secret de... »

SECRET 2

RESPIRER ET SE CONCENTRER

Si tu cherches à te concentrer, tu peux porter ton attention à la respiration. Et quand tu es concentré, tu apprends mieux.

J'étais très ennuyée car je ne savais pas grand-chose sur le sujet...

Ça m'a mise dans un drôle d'état ! J'étais sous pression, comme une casserole avec son couvercle qui va sauter.

OK, j'ai compris : il fallait que je fasse une pause !

RESPIRER tranquillement, **RETROUVER** mon calme, **PORTER** mon attention sur ma respiration. Et ne rien faire d'autre.

Ma pause respiration m'avait apaisée. J'avais même trouvé une solution.

Je me sentais soulagée et prête à travailler tranquillement.

D'ailleurs, ça muscle le cerveau de porter son attention sur sa respiration. Il suffit de s'entraîner régulièrement. Tous les jours, c'est encore mieux !

J'ai souri le lendemain en retrouvant mon cahier dans mon casier. Ça ne valait pas la peine d'en faire toute une histoire ! D'un petit rien, on a vite fait de tout compliquer...

Se concentrer pour apprendre, c'est un travail difficile ! Parfois on te dit « Allez, concentre-toi ! ». Mais ça ne marche pas sur commande. Tu as besoin d'outils qui vont t'aider à être présent à ce que tu fais. Surtout quand tu n'en as pas envie ou si tu as des difficultés à le faire.

La respiration est un outil de la concentration. Car elle est toujours là avec toi, comme une amie. Quand tu as besoin de calme pour tes devoirs, tu peux respirer un moment assis devant ton bureau ou sur ton lit. Avec de l'entraînement, ça va changer ta façon d'apprendre.

TU VEUX BIEN ESSAYER ?

SECRET 3

DIRE MERCI POUR TOUT CE QUE TU VIS

Vois tout ce qui t'est donné, tout ce que tu reçois. En cultivant cette qualité d'observation, tu te rends compte que chaque jour est un cadeau.

C'était la veille d'un long week-end. Presque tout le monde avait déjà quitté l'école.

Lilou ne bougeait pas de son banc. Elle m'a regardée intensément. Ma douceur l'a touchée.

Elle a hoché la tête, elle me faisait confiance, c'est sûr...

Elle est partie rassurée avec lui.

On a tous oublié un cahier un jour. C'est désagréable, on ne se sent pas bien après, surtout si on a une leçon à réviser.

Lilou est revenue sans cahier. Radieuse. J'étais aussi intriguée que Soham.

En fait, elle est revenue avec des trèfles à quatre feuilles pour nous tous !
On n'en est pas revenus de sa trouvaille.
Ça nous a touchés tous les deux.

Lilou m'a remerciée avec tant de cœur qu'elle m'a fait chavirer !

Imagine ta vie avec des couleurs plus vives, lumineuses, gaies.

Eh bien, quand tu ressens de la gratitude parce qu'on prend soin de toi et que tu dis « Merci ! » pour ce que tu reçois, c'est comme si soudain ta vie se colorait davantage.

Tu peux sentir que ça touche ton cœur. Tu as plus d'énergie positive en toi, d'élan pour les autres. Et tu vas grandir plus heureux.

TU VEUX BIEN ESSAYER ?

SECRET 4

RENCONTRER LA CHANCE OU LA MALCHANCE

**Chance ou malchance, ça tourne vite,
tu ne sais pas ce qui peut survenir.
Tu peux accepter les événements de la vie
avec douceur et calme.**

Mon réveil me jouait une sale blague, il n'avait pas sonné. Ou je ne l'avais tout simplement pas entendu !

Même pas le temps de petit-déjeuner alors que mon ventre grognait de faim !

C'était un gag vraiment pas terrible ! Je me sentais mal, contrariée. Heureusement, ma mère m'a aidée !

Évidemment, je n'avais plus le temps de prendre un parapluie.

Et la malchance me poursuivait ! C'était un jeu cruel pour moi. Mon cœur battait fort, mes tempes aussi. Je sentais un poids énorme m'écraser. J'avais mal au cœur, j'étais au bord des larmes.

Mais je n'étais pas seule à vivre une journée difficile...

Quand on manque d'attention, on peut créer des catastrophes. Ce piéton inconscient a provoqué un accident !

Pas chouette pour mon prof car sa voiture était toute neuve ! Je suis finalement arrivée avant lui en classe. On l'a super bien accueilli. Chance pour lui !

Lorsqu'il se produit quelque chose qui est indépendant de toi, eh bien tu ne peux rien y changer.
Le courant t'emporte, te ballotte, et mieux vaut ne pas résister. Car si tu essaies de t'accrocher à la rive comme à tes pensées en refusant ce qui se passe — « Je voudrais que ce soit autrement » —, tu vas souffrir inutilement.
En t'adaptant à la situation, tu vas la vivre avec moins de résistance ou de souffrance.
Et pour ça, il est bienvenu de poursuivre ton entraînement à la méditation. Ça va tout changer pour toi !

SECRET 5

VIVRE CHAQUE JOUR AVEC TOI-MÊME

T'apprécier comme tu es, c'est t'accepter pour mieux vivre avec toi-même, avec douceur et bienveillance.

Nina avait les cheveux dont je rêvais...

J'avais de plus en plus de mal
à me regarder comme j'étais.
J'ai décidé de changer.

Évidemment, je n'ai pas expliqué
à Soham pourquoi je voulais
absolument une perruque. J'avais
l'embarras du choix !

En fait, Soham n'avait pas du tout l'air
d'apprécier ma nouvelle tête.
Il a préféré me mentir pour ne pas
me vexer. Je ne lui en ai pas voulu.

D'ailleurs, tout le monde m'a regardée bizarrement à l'école. Ma transformation n'a pas eu les effets que j'attendais.

Et moi, j'étais en train de me gâcher la vie parce que je voulais être une autre. Le cauchemar !

Mon nouveau look ne m'enthousiasmait pas finalement et j'étais moins appréciée qu'avant. Avec l'aide de ma mère, j'ai observé avec amitié ce qui se déroulait en moi. Pas la peine de me juger, ça me faisait souffrir.

Ça a pris un peu de temps, mais je m'apprécie bien comme je suis. Car on a toute la vie à partager avec soi-même !

Tu peux être ton meilleur ami
ou ton pire ennemi. Et tu as le choix.
Dès que tu te juges en te comparant aux autres,
tu te crées une vie infernale. Vois tes qualités,
ne les évite pas. Vois ce que tu fais bien,
ne ferme pas les yeux dessus.
Observe tes différentes facettes,
ne les refuse pas.

Tout ça pour être plus proche
de toi et ne pas te rendre malheureux.
Tu peux apprendre à te connaître
et regarder avec bienveillance
tout ce que tu as de bon en toi.

Tu peux ainsi accepter
ta personne tout entière
même si tu n'es pas parfait.
Avec amour. Et les autres
t'apprécieront comme tu es.

TU VEUX BIEN ESSAYER ?

TOUTES TES ÉMOTIONS

SECRET 6

PEINDRE L'ARC-EN-CIEL DE TES ÉMOTIONS

Les émotions changent vite comme le temps. Elles ne durent pas. Ne cherche pas à les retenir : laisse-les partir après les avoir goûtées.

Soham me faisait un drôle d'effet. Je sentais mon cœur battre plus fort dès qu'il était là. Mais, bien sûr, je n'osais rien lui dire.

Je ne supportais pas quand il jouait avec Nina. Ça bouillait en moi, ça se mélangeait, je sentais la colère gronder, la jalousie aussi de ne pas être seule avec lui.

Et dès qu'on était tous les deux, je me sentais ailleurs !

... Sauf que Nina était toujours là !

J'étais devenue folle de jalousie,
je l'avoue. Et ça me rendait triste
et en colère à la fois…
Je sentais que je chavirais.

Ma mère m'a demandé où je ressentais
mes émotions dans mon corps : c'était
dans mon cœur, mon ventre, j'avais
aussi la gorge nouée.

Ma mère m'a fait sentir avec douceur
qu'elles changeaient de couleur
d'un moment à l'autre.
Je suis arrivée en retard à l'école,
mais je me sentais mieux.

J'ai retrouvé mes amis à la récré.
Et Soham aussi. Mes émotions étaient
orangées et jaune soleil, il y avait
de la chaleur dans mon cœur et plus
de jalousie. Maintenant, je connais le secret
des émotions : elles ne durent pas.

Tu vis avec tant d'émotions que c'est délicat de toutes les reconnaître quand elles arrivent.

Bien souvent, tu ne prêtes pas attention à ce que tu ressens et, du coup, tes émotions te secouent comme un shaker. Elles peuvent provoquer en toi des réactions intenses, agréables ou désagréables.

Pourtant, si tu veux vivre le mieux possible avec toi-même et les autres, il est indispensable que tu les reconnaisses pour exprimer ce que tu ressens, sans drame.

TU VEUX BIEN ESSAYER ?

SECRET 7

APPRIVOISER L'INCONNU

Chaque moment agréable a une fin. Quand tu ne veux pas l'accepter, tu souffres, tu te sens mécontent ou déçu. Et la colère peut t'envahir.

On avait décidé de jouer
les aventuriers de la Belle Étoile.

On se sentait complices.
On avait toute la nuit devant nous
pour observer les constellations
du ciel...

Mais un coup de tonnerre a changé
notre programme. C'était peut-être
même un coup de l'affreux Gnark...

Et voilà comment notre aventure étoilée
s'est terminée sous un déluge... mais j'étais
avec Soham, et ça, c'était chouette...

J'ai aidé petit à petit Soham à se calmer, en respirant. Ça a bien marché car il a plongé dans le sommeil bien avant moi...

Et il a ronflé comme un gros ours. J'ai presque eu du mal à m'endormir...

D'ailleurs je me suis réveillée bien après lui. Ravie d'avoir retrouvé mon doudou.

Soham n'a pas accepté que notre nuit à la belle étoile s'achève aussi vite. Et il s'est caché dans la tente quand sa mère est venue le chercher. On s'est promis de remettre ça une nuit de pleine lune sans nuages !

Très souvent,
on n'a pas envie qu'un moment chouette s'arrête. Et pourtant, il ne va pas durer.

Si tu vis chaque moment sans t'accrocher à lui pour le prolonger, sans le garder rien que pour toi, tu seras plus heureux.

Ça va tout changer de laisser ton beau moment s'envoler comme un ballon dans le ciel.

Tu le regardes s'éloigner, puis disparaître.
Et tu l'acceptes.
Avec joie !

SECRET 8

DONNER ET RECEVOIR DE LA JOIE

La joie que tu ressens peut être aussi légère que des bulles de savon qui s'élèvent dans l'air et explosent. Déjà elles ne sont plus là… et, pourtant, il reste dans ton cœur une douce empreinte.

C'était la fin de l'année. J'avais attendu la boum de l'école avec excitation et maintenant je me sentais triste car Soham n'était pas là.

J'avais juste envie de rentrer à la maison. Je suis restée toute seule dans mon coin.

Quand j'ai entendu sa voix, j'ai bien cru que mon cœur se retournait comme une crêpe ! Il n'y a pas que les filles qui se font attendre...

Et puis on a eu une surprise géniale : une panne d'électricité ! Et Soham m'a embrassée.

Je me sentais sur un nuage,
j'avais besoin d'atterrir...

Cette nuit-là, j'ai eu beaucoup
de mal à m'endormir.

Le lendemain, une autre
surprise m'attendait...

« Mon plus beau cadeau, c'est toi Shamata. »
Ce message de Soham m'a vraiment touchée.
J'ai senti mes joues devenir très chaudes.
Et j'ai déposé un peu plus tard un cadeau
dans la boîte aux lettres de Soham...

Lorsque tu es joyeux, tu te sens léger comme une plume. Tu souris ou tu ris.

Ta gaieté peut aussi être silencieuse car tu es ému. Ta vie est éclairée par un soleil dans ces moments-là.

Tu ne sais pas combien de temps ça va durer, sans doute pas très longtemps, aussi, pendant que cette joie est présente, reçois-la comme un beau cadeau.

SECRET 9

ACCUEILLIR TES ÉMOTIONS DIFFICILES

Quand tu vis un moment désagréable, tu aimerais bien l'effacer d'un coup de gomme, n'est-ce pas ? Accueillir une émotion difficile, c'est comme ouvrir ta porte à quelqu'un que tu n'as pas invité. C'est un risque à prendre...

Ça m'avait demandé plusieurs jours de fabriquer ce collier ! J'étais fière de le porter.

J'étais noire de colère. Soham avait gâché tous mes efforts en un instant.

Je ne voulais plus lui parler. Je l'ai ignoré. Et pas question de lui pardonner !

Et il osait m'appeler ! Je me sentais encore plus fâchée contre lui. Avec ce qu'il m'avait fait, je devais tout recommencer.

J'ai pensé que ma mère ne me comprenait pas. Pourtant, elle m'a fait sentir que mes émotions désagréables m'envahissaient. Je les renforçais en m'énervant au lieu de les observer et de RESPIRER pour les accepter, puis les laisser partir.

Cette situation n'était plus tenable. J'avais laissé mes émotions désagréables m'entraîner dans une mauvaise direction. J'ai RESPIRÉ. Et j'ai agi autrement.

On s'est sentis soulagés d'un coup tous les deux de se parler à cœur ouvert.

C'était super de se retrouver. Je me sentais apaisée. Et lui aussi. Depuis, je suis très attentive quand une vague d'émotions désagréables déferle en tentant de m'emporter.

Imagine une roue
sur laquelle apparaissent
tes qualités, les différentes
facettes et toutes
tes émotions.

Rappelle-toi que tes émotions
sont toujours passagères.
Tu n'es pas un colérique,
tu ressens de la colère
à un moment précis.

C'est pareil avec la tristesse
ou la peur. Tu peux t'arrêter
et observer tes émotions
difficiles : tu as le droit de les
exprimer sans les rejeter afin
de mieux les ressentir.

Puis reviens à ta roue.
Et porte ton attention
sur ce que tu aimes
en toi.

TU VEUX BIEN
ESSAYER ?

SECRET 10

PRENDRE TON ANGOISSE PAR LA MAIN

Ne laisse pas l'angoisse t'envahir au point de perdre tous tes moyens. Lorsque tu sens de l'angoisse, arrête-toi pour observer ce qui se passe en toi, ce que tu ressens.

Très perfectionniste Soham ! Il ne voulait pas faire une fausse note. Et il se rendait malheureux car il se racontait qu'il ne jouerait jamais assez bien. Ses pensées lui jouaient un mauvais tour.

La date de son concert approchait. Il se mettait la pression, son angoisse grandissait. Elle s'agrippait à lui parce qu'il la nourrissait. Sa peur d'être jugé aussi. Il n'est plus sorti de chez lui.

J'ai décidé d'agir.

Soham avait besoin d'un programme récréatif. Tout était calme dans ce parc. Sur l'eau, tout est devenu plus léger. Soham s'est décrispé, il souriait même.

C'était beau et simple d'observer tout ce que la nature offrait à notre regard, et à nos corps détendus. On se sentait vibrants et vivants. On était reliés l'un à l'autre et connectés à la nature.

Soham a joué les yeux fermés, d'abord par jeu. Puis concentré et attentif. Détendu aussi. Il a joué en remerciant la nature d'être son public. Elle n'applaudit pas, elle frémit sous le vent, elle respire en silence.

Avant de jouer sur scène, Soham a fermé les yeux. Et il a écouté tous les sons de la salle... Il a joué pour le plaisir de jouer, sans s'enfermer dans « ça doit être parfait ». Il a joué en respirant et ça a tout changé pour lui.

T'accorder à toi-même comme aux situations qui se présentent, comme on accorde aussi un instrument de musique, ce n'est pas si facile...

Quand l'angoisse est là et qu'elle te submerge, tu n'es plus accordé à toi-même.

Heureusement, tu peux t'apaiser en respirant. Arrête-toi et **RESPIRE** plusieurs fois : tu vas te sentir mieux, et ton angoisse va s'estomper.

Tes ressources sont inouïes, tu peux apprendre à puiser en elles ! Et tout devient serein comme lorsqu'il a neigé.

TU VEUX BIEN ESSAYER ?

AU FIL DE TES PENSÉES

SECRET 11

ARRÊTER TES IDÉES NOIRES

Ne crois pas ce que racontent tes pensées ! C'est toi le chef d'orchestre, tu peux renvoyer en coulisses les pensées dérangeantes et être créateur de belles pensées.

C'était la cata...
Sa mère avait déjà raccroché.
À l'eau notre belle journée !

J'ai commencé à me raconter une histoire horrible : Soham ne s'était pas réveillé, il avait un traumatisme crânien, il était même dans le coma... l'enfer !

Il ne reviendrait pas en classe. Et je ne le verrais plus... Mes pensées étaient pouvantables...

Je les écoutais comme si elles me disaient rien que la vérité. Et soudain j'ai crié « STOP ! » à voix haute pour qu'elles disparaissent. J'ai rappelé la mère de Soham. C'était silence radio.

L'impatience me rongeait.
« Va à l'hôpital ! » m'a ordonné une pensée. À cause d'elle, j'ai presque grillé un feu rouge.

J'ai bien regardé mes pensées :
« Bon, ça suffit maintenant ! »
J'ai FERMÉ LES YEUX et RESPIRÉ calmement. J'ai rouvert les yeux avec un coup de klaxon. Le feu était vert.
Et tout était différent.

Quelle chance, Soham avait juste un bras cassé ! Et moi j'étais la plus heureuse !

Depuis je ne laisse plus autant de place à mes pensées noires… Je suis leur chef d'orchestre ! Elles se font petites quand je dis : « Taisez-vous ! », « Disparaissez et ne m'embêtez plus ! »

Ton cerveau est très fort pour te raconter toutes sortes d'histoires. Ne l'écoute pas !
Par contre, si tu entraînes ton cerveau avec ses bons neurones, tout va changer et ta vie sera beaucoup plus agréable.
Ça dépend de toi et de l'entraînement que tu vas t'offrir chaque jour. Tu veux bien essayer ?
Créer, c'est top !
j'suis belle
je peux y arriver
je suis fier de moi
la vie est formidable
j'ai des qualités
on peut compter sur moi
ça m'éclate le sport !
j'suis nulle
c'est trop difficile
le monde est sombre
Personne ne m'aime
j'veux plus rien faire
j'ai pas d'amis
TU VEUX BIEN ESSAYER ?

SECRET 12

STOPPER LE DUO VIOLENCE ET VENGEANCE

Chaque pensée, chaque émotion a des conséquences, comme chaque choix que tu fais. Si la colère, la peur ou l'envie te dirige, ça va déraper. Il vaut mieux ne rien faire parfois, plutôt que de réagir. Et agir ensuite lorsque tout s'est apaisé.

Ça m'amusait terriblement de jouer au garçon...

Sauf que je n'avais pas un tempérament de guerrière ! Je n'en menais pas large face à Tom. Je n'ai pas osé lui dire « non ! » même si j'ai pensé fort à Soham.

J'ai senti que Soham n'allait pas en rester là. Et ça m'a inquiétée.

Tom ne manquait pas d'air à mentir comme ça !

J'ai invité Soham à observer ce qui se déroulait en lui. Sa colère le guidait vers plus de violence. Il pouvait agir autrement après s'être arrêté sur ses pensées et ses émotions.

Justement ça tombait à pic et je lui ai raconté la légende : « Tu sais, tu as deux loups en toi, Soham. Tu peux donner de la force et nourrir celui qui est bon ou celui qui est agressif et attaque avec violence. »

Quelques instants de respiration en écoutant cette légende ont permis à Soham de s'apaiser pour y voir clair. Ensemble, on a eu la même idée pour récupérer son blouson.

J'ai détesté cette aventure. Et j'aurais aimé ne pas la vivre. Mais elle m'a rapprochée de Soham. Notre monde intérieur nous embarque vite dans la tempête si on ne s'arrête pas pour regarder qu'on est peut-être en train de chavirer...

Lorsque des pensées de vengeance grandissent dans ta tête, c'est la glissade assurée. Sortir de tes gonds, c'est te laisser dominer et subir comme si tu étais victime.

Faire taire tes pensées noires va te demander de l'entraînement ! Dis-toi que ce sont seulement des pensées, et que tu ne dois pas les écouter.

C'est un défi : à toi de jouer pour être l'acteur de pensées positives et bienveillantes !

SECRET 13

CONNAÎTRE TES LIMITES

Tout est une question d'équilibre, comme si tu marchais sur un fil de funambule.

Soham prenait sa course à pied très au sérieux. Il avait suivi un entraînement intensif.

Et il était incapable de s'arrêter. Ses pensées étaient focalisées sur « Je dois gagner à tout prix ». Ça commençait à lui taper sur le système. Et ça m'agaçait aussi.

J'ai laissé Soham en me disant que ça clochait sérieux pour lui...

Soham avait dépassé ses limites...

Jamais je ne l'avais vu dans un tel état. Il avait malmené ses chances de gagner en forçant trop !

Ça n'a pas été facile de le réconforter car il n'acceptait pas sa défaite. Je l'ai invité à observer tout ce qui s'était déroulé, comment il avait agi sans prendre soin de lui : il s'était trop entraîné, il avait trop mangé, il avait mal dormi. Mélange explosif !

En ne se laissant pas influencer par ses pensées, on reste dans une zone d'équilibre.

Tu es prêt ?
voici un programme
pour te sentir bien !
Au menu, tu as trois
préparations :

1 manger des aliments
qui vont t'aider à grandir
et à être en forme ;

2 développer
une activité physique
pour ta santé,
tes muscles,
ton souffle,
ton dynamisme ;

3 t'entraîner sur
tes pensées
comme si tu domptais
un cheval sauvage.

Et c'est toi qui
tiens les rênes car
c'est toi le guide !

SECRET 14

DONNER DES AILES À TES PENSÉES

Tu peux changer ta vie avec des pensées positives. Tu peux agir ensuite en changeant tes habitudes.

Personne ne se doutait de ce que je préparais. C'était comme un secret excitant...

La suite a laissé Soham, Nina et toute la classe bouche bée.

Le professeur m'a souri, heureux.
Et il a proposé un atelier sur le sujet : qu'est-ce qu'on a en commun ?
Et qu'est-ce qui fait que chacun est formidable ?

Après, j'avais pensé aussi à la pause goûter. Un succès, mon gâteau ! On m'a même demandé la recette.

Je m'amusais comme une p'tite abeille qui butine de fleur en fleur avec mes pensées créatives.
Ça me donnait de la joie !

C'est comme si j'avais soufflé sur mes pensées et en se répandant dans l'air, leur beauté touchait chacun.

Tout ce que j'avais imaginé et conçu m'avait donné des ailes !

Toi aussi, pense à ce que tu pourrais faire pour rendre tes journées agréables, drôles et être plus proche de ceux que tu aimes.
Tu vas te sentir davantage en confiance et changer ta façon de voir les choses et de vivre, petit à petit.
Tu auras plus d'élan ! Ça demande de se lever avec une pensée douce chaque matin.
Tu veux bien tenter l'expérience ? Écris tes pensées dans ton cahier SHAMATA et relis-les régulièrement pour les mettre en action.

DES INTENTIONS POUR ÊTRE HEUREUX

SECRET 15

FAIRE GRANDIR TON CŒUR

La gentillesse rend heureux.
Si tu es gentil avec toi-même
et les autres, tu seras plus heureux !

Soham ne pouvait plus écrire de la main droite. Je ressentais ce qu'il éprouvait. Sans l'aide de quelqu'un, il était démuni. Aussi, j'écrivais pour lui dans ses cahiers. On formait une équipe du tonnerre !

Malheureusement, ça n'a pas duré...

J'étais vraiment attristée.
Et j'ai été absente une semaine de l'école. Une éternité !

On était bien embêtés tous les deux. Qui pouvait être notre relais en classe ?

Nina avait une très belle écriture. Excellente idée de Soham !

Grâce à elle, on pouvait continuer à travailler ensemble.

Nina a été très touchée par nos remerciements. Et elle nous réservait encore une surprise, un cadeau du cœur…

Tout ça a inspiré notre prof, qui a créé des binômes dans la classe pour travailler ensemble et s'aider mutuellement. Une révolution bienveillante, finie la concurrence !

Quand tu vis
avec gentillesse,
c'est comme si tu grandissais.
Tu crées un espace plus vaste
en toi et autour de toi
pour donner et recevoir
de la gentillesse.

Être gentil, c'est
aussi aimer : t'aimer pour
prendre soin de toi, aimer
les autres pour partager
et prendre soin d'eux.

Lorsque tu fais quelque
chose de gentil pour toi,
pour quelqu'un d'autre
et lorsque quelqu'un est
gentil avec toi,
tu peux l'écrire dans
ton cahier SHAMATA.

SECRET 16

S'AIMER, C'EST CRÉATIF !

Quand tu peux te chouchouter, t'offrir de la douceur et t'aimer comme tu es, tu prends soin de toi. Quand on s'aime, c'est plus facile d'aimer les autres.

Et voilà comment Soham est resté tout seul dans la classe pendant la récré. Dur dur ! J'ai décidé d'agir pour le sortir de son malaise.

Soham n'était pas très motivé. Mais il est venu car il est curieux.

Oui, il faut d'abord semer des graines qu'on arrose avec amour chaque jour ! J'ai donc imaginé un parcours de cartes amusantes et spéciales dans le jardin. Chacune délivre un message à expérimenter pour se chouchouter...

C'est comme si Soham prenait une douche délicieuse qui le lave de tout ce qui le chagrine et le tracasse...

Mon programme commençait
à faire ses effets sur Soham.

Il commençait même à rire.
Très bon signe.

S'écrire des mots gentils qu'on colle
sur la porte de sa chambre, ça fait
du bien au cœur.

Soham a achevé son programme
« S'AIMER » en cuisine.
Je l'ai aidé à préparer les pizzas
de notre soirée d'amitié.

Comment t'aimer,
être mieux
avec toi-même ?

Offre-toi ce qui te fait du bien : jouer, créer, cuisiner, jardiner, lire, être avec tes amis, faire du sport...

Des moments où tu prends soin de toi pour soulager tes peines, ta tristesse, ta colère aussi.

Tu peux te donner de l'amour comme si tu étais ton propre parent.

TU VEUX BIEN ESSAYER ?

SECRET 17

S'ELANCER DANS LA VIE AVEC AMOUR

**Quand tu ressens les émotions,
la douleur ou la souffrance
d'une autre personne ou d'un animal,
quand tu te mets à sa place,
tu es dans l'empathie.**

Je me suis demandé depuis quand ce chat n'avait pas mangé à sa faim.

J'ai expliqué à Soham que Thula signifie « paix et tranquillité » en zoulou. Pourtant, la journée du lendemain a été très agitée à l'école !

Thula voulait de la compagnie et il s'est invité. Heureusement, le prof était sorti. Et Thula l'avait senti.

Soham et moi, on est restés calmes. Et on est vite sortis avant le retour du prof. Tout le monde rigolait dans la classe.

J'ai pensé qu'il pourrait même jouer avec le matériel de sport s'il s'ennuyait. Et c'est ce qu'il a fait… à sa façon !

Oh-oh !! Soham et moi, on n'avait plus envie d'être là ! Dommage, nous n'avions pas de poudre d'invisibilité…

Je n'en suis pas revenue. Soham non plus.

Incroyable ! Le prof avait adopté Thula et il est vite devenu la mascotte de la classe !

Quand tu prends soin d'un animal ou d'une personne, ton cœur s'ouvre et tu vis des moments de douceur.
Si tu observes bien, tu vas voir qu'autour de toi des personnes ou des animaux ont besoin de ton aide.
Parfois, toi aussi tu as besoin de l'aide d'un ami ou d'un plus grand que toi. Ose demander.
Tu peux faire des rencontres étonnantes et renforcer aussi tes liens d'amitié.

SECRET 18

MARCHER PAS À PAS DANS LE BONHEUR

Le bonheur est à l'intérieur de toi, comme une lumière que tu peux éclairer ou éteindre. Chaque fois que tu es attentif aux instants que tu vis avec joie, tu es dans le bonheur. Ce ne sont pas nécessairement des moments exceptionnels.

Un matin, j'ai regardé un écureuil grimper, bondir et disparaître dans un arbre. J'étais comme une exploratrice qui observait tous ses mouvements.

J'ai une foule de petits moments très doux dans mon album photos. On les oublie vite. Tu as un album toi aussi ?! J'aime vraiment regarder le mien.

Grâce à lui, tous ces instants forment un grand bonheur !

C'est ma grand-mère, elle est morte quand j'étais petite.

Je me souviens d'un beau moment
au bord du Gange, le fleuve sacré
de l'Inde... j'étais avec maman.

Les femmes en sari portaient des
bougies dans des feuilles de bananier
qu'elles déposaient sur l'eau.

Toutes ces lumières dansaient
au gré des flots. C'était en mémoire
des morts. On était venues pour
ma grand-mère.
J'ai regardé jusqu'à la tombée
de la nuit ces centaines de lumières...

Je me suis endormie sur les jambes
de maman... C'était un instant de
bonheur. Il y en a eu tant d'autres
ensuite. Ils ne sont pas tous dans
mon album... mais ils sont tous
dans mon cœur.

1, 2, 3…
tu peux compter les moments heureux de ta journée.

Quand on vit sans faire attention à ces instants, on peut avoir le sentiment de ne pas être heureux, de manquer de quelque chose ou se plaindre que c'est déjà fini.

Alors qu'ils sont là, avec toi.

Dans ton cahier SHAMATA, tu peux retrouver ces instants de bonheur et les dessiner ou les décrire !

TU VEUX BIEN ESSAYER ?

SECRET 19

S'ENTRAÎNER AVEC COURAGE ET PERSÉVÉRANCE

En cultivant le courage et la persévérance dans tout ce que tu entreprends, tu deviens créateur chaque jour de ta vie et tu peux accomplir de belles actions. Et surtout tes rêves !

J'avais d'abord besoin de me concentrer en respirant, puis d'échauffer mon corps en douceur.

Thula cherchait visiblement à me déconcentrer.

J'ai RESPIRÉ tranquillement pour ne pas m'énerver contre Thula. Ma posture du dauphin chatouillait son instinct de chat.

J'ai senti que j'allais perdre mon calme... j'ai respiré plus profondément en comptant jusqu'à cinq en inspirant, puis en expirant. Ouf, j'étais toujours bien concentrée et présente. Thula ne me dérangeait plus.

Maintenant, j'étais prête pour le plus difficile...

Évidemment, il y a toujours des événements inattendus dans la vie. Et tu dois faire avec...

J'ai remercié mon courage et ma persévérance de m'avoir accompagnée jusque-là ! Je suis restée un moment à regarder le monde avec la tête à l'envers en respirant calmement. Je me sentais heureuse d'avoir réalisé mon poirier.

Un peu de repos après l'effort, c'était bien agréable. Et de la tranquillité aussi. Thula était aussi paisible que moi.

TU VEUX BIEN ESSAYER ?

SECRET 20

ÊTRE CONNECTÉ AUX AUTRES, AU MONDE

De nombreuses personnes travaillent pour que tu puisses manger, t'habiller, jouer, vivre. Tout est interdépendant sur notre planète, ça signifie qu'on dépend les uns des autres, on est interconnecté à tous, au monde, au climat et même à l'Univers.

Mon père pensait à la santé des agriculteurs indiens et à la vie sur notre planète.

Ça signifiait « sans pesticides ». J'ai proposé à Soham qu'on mène une p'tite enquête en s'interrogeant sur ce qu'on mange.

Quand on achète de la nourriture, est-ce qu'on pense à l'endroit où ont poussé les légumes, où a nagé le poisson, où ont picoré les poules ? Sait-on comment on a nourri la terre, les poules qui donnent des œufs ou les vaches qui donnent du lait ?

De quoi ont besoin les pommiers et les arbres fruitiers ? De soleil, de pluie, de la terre dans laquelle ils s'enracinent. Et d'agriculteurs qui prennent soin des arbres.

Est-ce qu'on pense combien
les fleurs et les graines sont
précieuses ?

Grâce aux graines et aux fleurs,
on va pouvoir se nourrir, s'habiller
et se soigner aussi.
Est-ce qu'on peut les laisser
pousser tranquillement ?

Est-ce qu'on pense qu'un petit
pommier offrira ses pommes
quelques années plus tard ?

La Terre, c'est notre maison. C'est essentiel
d'en prendre soin pour vivre en bonne santé
et heureux, en harmonie avec elle.

Sur la Terre,
la coopération peut
se développer entre tous
et la vie prendre une autre
direction que celle
de la concurrence.

Exactement comme
dans la nature où les plantes
coopèrent pour grandir
et se soutenir. En unissant
nos efforts, on peut créer
et réaliser beaucoup.

MAISON TERRE MÈRE

C'est à chacun
de se relier aux autres
pour faire grandir notre
humanité commune.
On peut s'entraider pour
vivre mieux,
avec AMOUR.

LA ROUE DE LA VIE

Tu peux donc choisir
de jouer comme
dans un film : « Moteur,
ça tourne... Action ! »
C'est à toi de décider.
C'est le moment
de plonger au cœur
de la vie !